AF337939

LE
SAINT PRÊTRE

OU

VIE DE M. AUBRY

SUPÉRIEUR

DU GRAND SÉMINAIRE DE REIMS

PAR

M. l'Abbé J. SACRÉ

Quæ placita sunt ei facio semper.
(JOAN., VIII, 29.)
A toute heure, je fais ce qui est de
son bon plaisir.

REIMS

P. DUBOIS & Cie, IMPRIMEURS DE S. E. Mgr LE CARDINAL

Rue Pluche, 24

—

1865

AVANT-PROPOS

En publiant cette notice sur Monsieur Aubry, Supérieur du Grand Séminaire de Reims, nous n'avons eu en vue qu'une seule chose : *édifier* les personnes dans les mains desquelles elle pourra tomber. Nous n'écrivons donc ni pour les lecteurs qui cherchent uniquement dans un livre des émotions fiévreuses ou les charmes d'une brillante diction, ni pour ceux qui sont étrangers au sens chrétien. Les premiers ne nous liraient qu'avec ennui; les seconds ne nous comprendraient pas. Nous nous adressons surtout aux âmes qui aiment à respirer le parfum des vertus chrétiennes et qui cherchent dans un ouvrage, non pas ce qui flatte une vaine curiosité, mais ce qui élève le cœur vers Dieu.

IV

Nous n'osons pas nous flatter assurément d'avoir re-
produit tous les traits de cette figure si calme et si
pure, et de n'avoir laissé aucun épi à glaner dans
le champ des vertus de ce saint prêtre ; mais nous
espérons néanmoins que le tableau que nous en
avons tracé, quelque pâles qu'en soient les couleurs,
pourra apporter au lecteur pieux quelque édifica-
tion.

La vie de M. Aubry, si pleine, si riche pour le
ciel, s'est passée dans l'obscurité d'un séminaire,
loin des regards du public, dans l'uniformité du
devoir accompli. On chercherait donc en vain dans
cette biographie de ces actions éclatantes qui
attirent le regard de la capricieuse renommée, de
ces choses que le monde appelle *grandes* et qui
attachent la célébrité à un nom. Mais, ce qui vaut
sans doute beaucoup mieux, nous aurons à montrer
au monde, qui en a tant besoin, l'exemple d'une vertu
qui n'eut pas une heure de défaillance. Et c'est là
certainement, dans les pensées de la foi, la plus
noble gloire qu'il soit donné à un homme de recueillir sur la terre.

Ici du moins, nous aurons le rare bonheur de
pouvoir admirer sans réserve et louer sans flatterie.
Pas une page dans cette belle vie qu'il soit nécessaire de couvrir d'un voile. Il en eût grandement

coûté à notre cœur, nous l'avouons, d'avoir à écrire un mot qui tombât comme un blâme sur cette mémoire si vénérée. Mais, grâce au ciel, la vie que nous écrivons est de celles que nulle ombre ne couvre, qu'aucune tache ne dépare ; et nous ne craignons pas que la main de la critique, toute rude qu'elle est parfois, vienne déchirer le titre que nous avons placé en tête de ce livre.

Il nous reste maintenant à offrir les sentiments de notre reconnaissance aux personnes qui ont bien voulu nous prêter leur concours. Pour composer cette notice, nous avons principalement interrogé ceux qui ont vécu dans la société habituelle de M. Aubry et qui ont été tous les jours les témoins édifiés de ses vertus. Ils nous ont communiqué tous les documents qui pouvaient nous être utiles, avec cette charité bienveillante qui caractérise la vénérable Compagnie de Saint-Sulpice ; mais aussi avec cette modestie, cette réserve qui nous permet de dire que l'empreinte de la vérité sera sur ces pages. D'autres personnes, qui avaient connu d'une manière plus intime l'homme vertueux que nous regrettons, nous ont aussi fourni des renseignements précieux. Enfin, pourquoi ne le dirions-nous pas ? nous avons interrogé nos souvenirs personnels, écouté les échos de notre cœur. Et de toutes ces fleurs, apportées par des mains amies, nous avons tressé la couronne qui devait reposer sur le front de notre père. Puissions-nous avoir réussi, par ce petit travail, à conserver longtemps dans ce diocèse le souvenir de ses vertus!

LE SAINT PRÊTRE

ou

VIE DE M. AUBRY

I.

Naissance et première éducation
de M. Aubry.

Monsieur Mathurin Aubry naquit à Anetz, village du diocèse de Nantes, le 2 Février 1791. Sa première éducation fut profondément chrétienne. Son père était un de ces hommes, aujourd'hui bien rares, pour qui le nom de *chrétien* était le plus glorieux des titres, et la religion, *la plus sainte* des causes. A l'époque de la Révolution française, il eut l'honneur d'être inscrit sur la liste des émigrés, et il n'échappa à la proscription qu'en fuyant de retraite en retraite. Il fut même obligé de se cacher pendant trois mois dans un buisson, pour échapper aux perquisitions des agents révolutionnaires. Mais la Providence voulut le soustraire aux poursuites de ses ennemis, parce qu'elle le destinait à être le protecteur de ses ministres alors si violemment persécutés. En effet, la maison de M. Aubry fut, pendant les plus mauvais jours de la Révolution, l'asile des prêtres restés fidèles à leur conscience, et plus d'une fois il exposa sa vie pour leur être utile.

Lorsque l'église d'Anetz fut rendue au culte, après

les saturnales de la Révolution, on le vit assister *pieds nus* à la cérémonie d'expiation qui devait réparer les profanations dont elle avait été souillée. Ce fervent chrétien jeûnait trois fois la semaine. Il avait souvent demandé à Dieu la faveur de compter un prêtre parmi ses enfants, et il avait fait le vœu de sacrifier, s'il le fallait, pour son éducation cléricale, tout son modeste avoir. Tel fut le père du saint prêtre dont nous écrivons la vie.

Placé dans un tel milieu, le jeune Mathurin aspira, par toutes les voies de son âme, l'esprit de foi dont l'atmosphère de la famille était pénétrée. De là cet attachement à la religion qui ne se démentit jamais parmi les mauvais jours qu'il eut à traverser ; de là cette grande et forte foi qui fut toujours, dans sa main, comme un flambeau resplendissant, pour éclairer ses pas, inspirer ses pensées et donner à toute sa vie la direction du ciel.

Un autre sentiment marqua dans son âme une empreinte indélébile : ce fut son dévouement à la dynastie des Bourbons, dont le dernier roi venait de porter sa tête sur l'échafaud (21 Janvier 1793). On sait avec quel élan et quel héroïsme la Vendée se souleva, à cette époque, pour défendre la royauté et la religion également persécutées par le gouvernement de la République. On se rappelle les noms de ces généraux vendéens qui donnèrent tant de souci à la Convention et tinrent en échec, avec des armées de paysans rassemblés à la hâte, les troupes disciplinées de la République. Le jeune enfant dont nous parlons fut donc bercé du récit de ces combats qui immortalisèrent la Vendée ; il apprit, sur les genoux de sa mère, les noms de ces héros qui abandonnaient la charrue pour se faire soldats, et dont la gloire est restée si populaire. Tels furent les souvenirs dont sa mémoire, alors dans toute sa fraîcheur, se pénétra. On comprend qu'élevé dans un tel temps et dans un tel pays, le jeune Mathurin se soit de bonne heure passionné pour une cause qu'on lui avait représentée comme sacrée. Aussi ne sépara-t-il jamais dans son cœur les intérêts de la royauté de ceux de la religion. Le souvenir de la Vendée remuait profondément son âme ; le récit de ses héroïques combats faisait étinceler son regard. L'âge même n'affaiblit point son patriotisme, et jusque dans la vieillesse, il parlait de ces souvenirs avec l'ardeur du jeune homme. Ce fut une des grandes affections de son cœur et, si nous pouvons ainsi dire, l'unique passion de sa vie. Pour nous, nous ne l'en blâmerons pas ; car, quelque opinion qu'on ait adoptée en politique, il faudra toujours convenir que le dévouement à une cause malheureuse, mais honorable, est le signe des grands cœurs et des âmes magnanimes. Il nous en eût coûté beaucoup, nous l'avouons, de déchirer cette page de son histoire, que nous regardons comme une des plus glorieuses. Au reste, M. Aubry n'était pas de ces hommes chez lesquels le cœur emporte la tête, et nous le verrons toujours concilier, avec une rare prudence, ce qu'il croyait devoir à une dynastie malheureuse, avec le respect qui est dû au gouvernement de chaque époque.

II.

**Il fait concevoir de bonne heure les plus
belles espérances.**

De très-bonne heure , M. Aubry laissa deviner les
grandes vertus qui devaient marquer le reste de sa
vie. A un âge où l'enfance, insouciante et légère ,
ne s'occupe guère que de ses jeux, ce jeune enfant
était déjà grave et réfléchi. Il préférait à la société
bruyante de ses compagnons d'âge le calme de la
maison paternelle ou les pieux entretiens de deux
religieuses ursulines , que la tempête révolutionnaire
avait jetées dans le village d'Anetz , comme dans un
port. On assure que déjà, à cette époque de sa vie,
il ne buvait que de l'eau, et cela par mortification.
« Il l'avait promis à Dieu, » répondait-il, quand on
voulait l'obliger à accepter quelque autre boisson.
Il fut visible, dès ce moment, que le Seigneur avait
des desseins particuliers sur cet enfant de bénédiction.

Après sa première communion, ses parents l'en-
voyèrent en pension à Ancenis, chez Mlle Chauveau ,
fille d'un instituteur qui avait versé son sang pour la
foi. Mais il régnait une grande corruption chez plusieurs des enfants qui fréquentaient l'école de cette
demoiselle. A l'exemple du saint homme Tobie, le
jeune écolier sut éviter absolument le contact de ces
enfants pervers, et il se condamna à rester chez cette
institutrice, dont il était le seul pensionnaire. Il était
pénétré de cette crainte de Dieu que la Sainte Ecriture appelle le *commencement de la sagesse*, et qui fut
dans tous les temps le cachet des prédestinés.

III.

**Il se dispose à entrer dans l'état
ecclésiastique.**

Le désir qu'avait M. Aubry père de voir un prêtre
dans sa famille allait commencer à se réaliser.
M. Souffrant, curé de Maumusson, qui a laissé dans
cette contrée la réputation d'un saint, voulant relever les ruines du sanctuaire, songea, vers cette
époque, à réunir chez lui quelques jeunes gens, pour
les préparer à l'état ecclésiastique. Le jeune Mathurin Aubry fut de ce nombre. Il demeura sous la direction de ce saint prêtre environ cinq ou six ans, et
de là se rendit à Nantes, pour étudier d'abord la rhé-
torique au petit séminaire, et plus tard la philosophie
et la théologie, au grand séminaire de cette ville. Il
fut là, ce qu'il a toujours été depuis, un modèle de
régularité, de vertu et de bonté. Sa prudence et sa
sagesse, que nous aurons tant de fois l'occasion de
signaler dans le cours de cette notice, se révélèrent,
dès son séjour au grand séminaire, par des signes si
marqués, qu'elles excitaient l'admiration de ses
maîtres eux-mêmes. Ainsi, dans un âge où le jeune
homme a surtout besoin d'être dirigé, il était déjà
assez mûr pour donner lui-même de sages et utiles
conseils.

Nous touchons à l'époque de la seconde insurrec-
tion de la Vendée (1815). Le jeune lévite du séminaire de Nantes sentit sans doute alors se réveiller
tout son patriotisme, et le bruit du canon, qui gron-
dait si près de lui, dut plus d'une fois faire vibrer

son âme. Mais il allait embrasser un ministère de paix, et il sut faire taire la voix de la patrie pour écouter celle de la religion, qui l'appelait à de plus pacifiques combats.

IV.

Il reçoit la prêtrise. — Il entre au séminaire d'Issy. — Il est envoyé à Saint-Flour et à Bourges.

Ordonné prêtre à Angers, au mois de Décembre de cette même année, il exerça les fonctions de vicaire à Ligné, et conjointement celles de vice-gérant à Mouzeil, deux paroisses du diocèse de Nantes. Mais, dix mois plus tard, il y renonça et se rendit au séminaire d'Issy, pour se préparer à entrer dans la Compagnie de Saint-Sulpice. C'est dans cette solitude, où se respire le plus pur parfum des vertus sacerdotales, que le nouveau disciple de M. Olier sentit naître en lui les désirs d'une plus haute perfection. Les exemples du saint fondateur de la Compagnie, les leçons des maîtres éminents qui dirigeaient cette maison, l'air de sainteté qu'on respire dans ce pieux asile, la fidèle correspondance de M. Aubry aux grâces reçues, en firent bientôt un des plus fervents solitaires.

Un an plus tard, il fut jugé digne d'être envoyé au séminaire de Saint-Flour, pour y enseigner l'Ecriture Sainte. Là, comme à Bourges où il donna, deux ans plus tard, le même enseignement, il se concilia par ses vertus l'estime, la confiance et l'affection de tous. M. Hugon, alors supérieur du séminaire de Bourges, devina bien vite le mérite du jeune professeur, et le signala comme très-capable d'être placé lui-même à la tête d'un séminaire.

V.

Il vient à Reims.—Il est nommé directeur du séminaire.

C'est vers cette époque que Mgr de Coucy, nommé à l'archevêché de Reims, alla trouver M. Duclaux, supérieur général de Saint-Sulpice, pour lui demander des prêtres de sa Compagnie. Mgr de Coucy avait compris que, pour relever la piété dans son diocèse, après tant de jours néfastes, il lui fallait un clergé instruit et pieux, et que, pour réaliser ce grand dessein, il ne trouverait nulle part d'auxiliaires plus capables que les prêtres de Saint-Sulpice. Mais ce séminaire se ressentait encore des ravages que la Révolution avait faits dans tous les rangs du clergé. M. Duclaux opposa donc à Monseigneur la pénurie des sujets. Mgr de Coucy insista avec force; il alla jusqu'à dire au supérieur général que, s'il repoussait sa demande, il lui serait impossible d'accepter le siége de Reims. Il était difficile de résister à de si pressantes instances. M. Duclaux consentit donc à envoyer à Reims M. de Raigecourt de Gournay, pour relever de ses ruines le Grand Séminaire, et il lui adjoignit, pour enseigner la théologie dogmatique, le jeune prêtre dont nous écrivons la vie. M. Aubry avait alors environ trente-et-un ans. Tels furent les deux hommes qui ouvrirent de nouveau les portes du Grand Séminaire, fermées depuis tant d'années par la Révolution.

Ceci se passait au mois de Décembre 1822.

En mettant, pour la première fois, le pied sur le sol de sa nouvelle patrie, M. Aubry sentit naître dans son cœur un vif attachement pour elle. Cette affection, qui tint tant de place dans sa vie, ne se démentit jamais, et l'on peut dire qu'elle descendit avec lui dans la tombe. Les intérêts du diocèse devinrent dès lors ses intérêts ; *il vivait de sa vie.* Il en connaissait toutes les parties, sans les avoir jamais visitées ; il possédait les noms de tous les prêtres ; il savait les détails de leur vie et pouvait souvent leur raconter leur propre histoire. Sa mémoire était, il est vrai, très-remarquable ; mais elle n'eût certes jamais suffi à recueillir tant de choses, si l'amour ne l'eût merveilleusement dilatée. Les différents établissements diocésains, les petits séminaires surtout, ces pépinières du sacerdoce, lui étaient particulièrement chers. Tous les maux du diocèse avaient dans son cœur un douloureux retentissement ; toutes ses joies faisaient à son âme une douce impression. Il pouvait dire comme saint Paul : *Quis ex vobis infirmatur, et ego non infirmor ? Quis scandalizatur, et ego non uror ?* Nous aurons plus tard l'occasion de montrer que cet amour de M. Aubry pour le diocèse, trouva dans le cœur des prêtres le plus fidèle écho.

M. Aubry, chargé d'enseigner la théologie dogmatique, se trouva tout d'abord en face de sérieuses difficultés. Il s'agissait de tout créer, à peu près ; il avait à former des élèves venus de toutes les écoles, à faire accepter sa méthode à des esprits façonnés par des méthodes diverses. Mais sa constance triompha peu à peu des obstacles, et il finit par recueillir le fruit de ses efforts persévérants. Comme professeur, M. Aubry se distinguait par l'exactitude de la doctrine, la netteté des idées, la justesse de l'argumentation. C'était un esprit solide plutôt que brillant. L'imagination, la chaleur ne furent jamais les traits saillants de son discours. Sa parole était claire, nette, précise ; mais on ne saurait dire qu'il fût éloquent.

Quelques années plus tard, en 1828, il fut chargé d'aider M. de Gournay dans la direction du séminaire devenue, pour les épaules de ce vieillard septuagénaire, un fardeau trop pesant. Avec le tact et la charité qui ne lui firent jamais défaut, M. Aubry comprit aussitôt que toute la charge devait être pour lui, et les égards pour le vénérable supérieur qu'il secondait. Son application fut de s'effacer sans cesse, de lui laisser croire qu'il était tout et que rien ne se faisait que par lui dans la maison. Ainsi le vieillard semblait encore gouverner, quoique le principe du mouvement fût dans une autre main.

VI.

Il est nommé supérieur.

Mais bientôt M. de Gournay, devenu aveugle, dut renoncer entièrement à ses fonctions et demander un successeur à M. le supérieur général. L'habileté que M. Aubry avait montrée dans ses fonctions de directeur, la confiance et l'estime dont il était déjà entouré, le désignaient d'avance comme le successeur de M. de Gournay. M. Garnier, alors supérieur du séminaire de Saint-Sulpice, crut devoir déférer au vœu de l'opinion et de M. de Gournay lui-même, en nommant M. Aubry supérieur du séminaire de Reims.

Mais l'humble directeur était loin d'avoir en lui-même la confiance qu'il inspirait à tous. Aussi personne ne fut plus surpris que lui-même du choix de ses supérieurs. Il se crut obligé de leur représenter ce qu'il appelait son incapacité. Mettant en parallèle sa faiblesse et le poids du fardeau qu'on lui imposait, la grave responsabilité qui allait peser sur lui et son insuffisance ; mesurant d'un regard alarmé les conséquences fatales que pouvait avoir pour le diocèse la mauvaise direction donnée au séminaire, il se mit à trembler. Il écrivit lettres sur lettres au supérieur général pour se dérober à des fonctions que son humilité n'envisageait qu'avec effroi. Mais M. le supérieur général maintint son choix, et il fit bien. Dès lors M. Aubry s'inclina devant l'autorité qui avait prononcé cet arrêt suprême, comptant sur l'assistance divine pour l'aider à porter un fardeau qu'il n'avait pas cherché, mais plutôt redouté. Admirable exemple d'humilité ! Tandis qu'on voit, chaque jour, des médiocrités poursuivre, par mille voies souterraines, des honneurs qui fuient devant eux, on vit cet homme qui possédait, dans un si haut degré, les qualités nécessaires au gouvernement, s'effrayer de son insuffisance et fuir les honneurs qui venaient le chercher. C'est que les saints jugent des choses à la lumière de l'éternité, et M. Aubry était un *saint*.

VII.

Son dévouement à ses fonctions.

Le nouveau supérieur prit possession de ses fonctions vers le mois de Septembre 1836. Depuis cette époque jusqu'à sa mort, c'est-à-dire pendant près de *trente* ans, il donna au clergé du diocèse le spectacle du plus admirable dévouement à ses fonctions. Si la fidélité au devoir *pendant toute une vie*, à un devoir obscur et assujétissant, qui saisit l'homme à toutes les heures et devient par sa continuité même un lourd fardeau ; si cette fidélité est la preuve non équivoque d'une solide vertu, nous pouvons dire, sans craindre un démenti, que M. Aubry mérita ce *rare* éloge. Sa maxime était qu'un supérieur doit toujours être à la tête de la communauté qu'il dirige. Et ce n'était pas chez lui une vaine théorie. Pendant près de trente ans, on le vit le plus assidu à tous les exercices du séminaire. Il s'était fait, dans la rigoureuse exactitude du mot, *l'esclave* de la règle. Sitôt que la voix de la cloche avait parlé, on le voyait à l'instant quitter sa chambre et se rendre à l'exercice indiqué. Il était beau, surtout dans ces derniers temps, de voir ce vieillard affaibli par l'âge, brisé par les fatigues et les austérités, à la démarche pénible, donner encore à la jeunesse l'exemple de la plus rigoureuse ponctualité. A peine remis des plus graves maladies, il s'empressait de reparaître au milieu des siens. Les séminaristes avaient une telle opinion de sa régularité, de son dévouement à ses fonctions, que l'un d'eux disait un jour, en parlant de son supérieur : « Voilà

un homme auquel il faudra administrer l'Extrême-
Onction à la salle des exercices. » — Dans sa dernière maladie, le mal ayant paru un instant ralentir
ses progrès, les élèves s'écrièrent tous d'une voix
« qu'on allait voir reparaître M. le supérieur à
l'oraison, à la récréation, dût-il pour cela se servir
d'une canne. »

L'exemple du supérieur eut sur la Communauté
une influence nécessaire. Il lui communiqua sa régularité, sa ponctualité, son respect pour le silence.
Aussi plusieurs étrangers, qui eurent l'occasion de
passer quelques jours au Séminaire, rendirent-ils ce
témoignage, « que *nulle part* ils n'avaient rencontré
une telle régularité. » C'était là un bel éloge, et pour
cette maison et pour celui qui la dirigeait.

Cette remarquable régularité du Séminaire de
Reims n'était pas seulement l'effet des exemples de
son supérieur, mais aussi de la fermeté avec laquelle
il tenait au maintien des règles et des usages. Toujours prêt à donner les dispenses que la nécessité
réclamait, il n'accorda jamais au caprice, à la faveur,
à l'humeur du moment , ce qui était interdit par la
règle. Il était là-dessus *inflexible.*

Le petit trait suivant montre comment il entendait
l'assiduité d'un directeur du Grand Séminaire. « Une
certaine année, dit celui même auquel arriva cette
petite aventure, je ne rentrai à Reims que la veille
de la retraite pastorale. M. Aubry m'en fit un re-
proche en me disant : « Je regrette que vous ne soyez
» pas arrivé plus tôt. Hier, des prêtres se sont présen-
» tés chez vous et ne vous ont pas rencontré. *Nous*

» *devons être chez nous*, quand nous prévoyons quelque
» visite de MM. les ecclésiastiques. »

M. Aubry pratiquait *à la lettre*, et plus fidèlement que
personne, ce qu'il recommandait aux autres. Le jour
où il fut nommé supérieur, il cessa de s'appartenir.
Il devint dès lors l'homme du clergé et le serviteur
de tous. Excepté le temps où quelque exercice l'appelait hors de chez lui, on était assuré de le rencontrer dans sa chambre. Il s'était assujetti à cette règle
si pénible, afin que les élèves qui avaient à lui
parler pussent le rencontrer à toute heure. Dans le
temps même des classes, où les séminaristes ne devaient pas venir à lui, il se condamnait encore à cette
réclusion volontaire, en faveur des ecclésiastiques
si nombreux qui avaient à l'entretenir. Sa vie peut
se résumer dans ces mots : *Dévouement au devoir.*

VIII.

Sa mortification extraordinaire.

Une telle exactitude à ses fonctions ne surprendra
aucun de ceux qui ont connu son *extraordinaire*
mortification. Nous retrouvons dans l'histoire de
ses austérités des pages qui ne seraient pas déplacées
dans la vie des plus grands serviteurs de Dieu.
*Mourir sans cesse à lui-même, se renoncer à toute
heure*, telle fut la règle de toute sa vie. Nous ne
pensons pas que Celui qui a prêché au monde
l'abnégation comme le principe de sa morale ait eu
beaucoup de plus fidèles disciples que M. Aubry. Il
eut dans un degré supérieur l'intelligence de cette
maxime du saint Evangile : *Renoncez-vous et suivez-*

moi. Le regard des hommes n'a pas surpris, sans doute, tous les secrets que cet ami de la croix a su trouver pour dompter la nature. Mais nous en avons assez connu, malgré le mystère dont il entourait ses pieuses austérités, pour lui appliquer ces paroles que l'auteur de l'*Imitation* a écrites du Sauveur des hommes : *Toute sa vie fut une croix et un martyre.*

Nous entrerons ici dans quelques détails qui montreront mieux l'esprit de renoncement dont ce saint prêtre était animé. Ils nous ont été communiqués par un témoin qui, pendant quinze ans, prit ses repas à la table même de M. Aubry. Il ne buvait jamais, excepté dans ses maladies et par ordre du médecin. Une seule fois depuis qu'il fut nommé supérieur, il dérogea à cet usage : ce fut pour fêter la première visite de M. Carrières, supérieur général de Saint-Sulpice, et après en avoir été longtemps prié ; mais ce petit excès consista en un verre d'eau. Il ne mangeait presque jamais de viande, et la quantité de nourriture qu'il prenait était si peu considérable, qu'on a peine à comprendre comment il existait. On pouvait vraiment dire de lui ce que le Sauveur a dit de Jean-Baptiste : *Venit Joannes, neque manducans neque bibens.* Quelque minime que fût la quantité d'aliments dont il se contentait, il crut trouver dans le *Traité de la sobriété*, de Cornaro, des exemples suffisants pour l'autoriser à la réduire encore davantage. Il prit, nous dit son médecin, un singulier plaisir à la lecture de cet ouvrage, et semblait regretter d'avoir ignoré jusque-là qu'on pût vivre de si peu. Servait-on, à certains jours, quelque dessert un peu moins

commun, on était assuré qu'il n'y toucherait pas.
Dans ses convalescences mêmes, où il aurait eu besoin
d'une nourriture plus recherchée, on avait la plus
grande peine à la lui faire accepter, et encore cessait-il
d'en faire usage après un jour ou deux. Quoique
son âge avancé et ses nombreuses infirmités fussent
des raisons plus que suffisantes pour le dispenser de
la loi du jeûne, il voulut l'observer jusqu'à la fin de
sa vie. Ces jours-là, la quantité de nourriture qu'il
prenait à la collation était presque imperceptible.
Ce n'était que dans ses maladies et sur l'ordre de son
confesseur qu'il consentait à ne pas jeûner. Quelque
mets qu'on lui présentât, il ne témoignait ni satis-
faction ni répugnance. Si son estomac ne pouvait
s'en accommoder, il se contentait d'un morceau de
pain sec, s'estimant heureux de trouver l'occasion
de souffrir et de se mortifier. De temps en temps, il
lui arrivait de n'entrer au réfectoire que vers la fin
du repas, parce qu'il avait été retenu au conseil de
l'Archevêché. C'était son estomac qui subissait les
conséquences de cette involontaire irrégularité. Son
repas se terminait toujours en même temps que celui de la Communauté.

Ce disciple fidèle du Dieu crucifié n'eut, pendant la
plus grande partie de sa vie, d'autre couche qu'un lit de
paille ; mais celle-ci était si habilement dissimulée,
qu'un œil étranger ne pouvait la soupçonner. C'est
ainsi qu'il traversa une partie de sa dernière maladie.
Et comme s'il se fût reproché le repos qu'il prenait
sur un lit si peu fait pour flatter la chair, il avait
l'habitude de se lever de très-bonne heure. Des

témoins dignes de foi ont attesté qu'il portait habituellement un cilice, et nous avons des raisons fondées de croire qu'il avait recours à d'autres instruments de pénitence beaucoup plus rigoureux.

Cet esprit d'immolation se retrouve dans tous les détails de sa vie. Ainsi il ne consentit jamais à se couvrir la tête, même pendant les plus grands froids. Excepté pendant le temps de ses convalescences, il est inouï qu'on l'ait vu se servir d'un fauteuil, quoique sa faiblesse semblât réclamer ce soulagement. Une simple chaise de paille lui servait de siége. On ne le voyait pas non plus étendre ni croiser ses jambes, ce qu'il faisait autant par mortification que par bienséance. Aussi pouvait-il dire avec vérité comme saint Paul : *Je châtie mon corps et je le réduis en servitude.*

On devine aisément, d'après ce qui précède, quelle application un homme aussi mortifié dut apporter à vaincre les penchants de son cœur, à comprimer les révoltes de l'amour-propre, à combattre sa volonté, à immoler ses goûts. Sa chère Bretagne, qu'il aimait tant, ne le revit jamais, depuis qu'il fut supérieur. Ce fut là, sans doute, un des sacrifices qui coûtèrent le plus à son cœur. Un voyage d'agrément, une récréation non autorisée par la règle ou par l'usage du séminaire, une de ces excursions qu'on se permet partout pour satisfaire une légitime curiosité, il ne se les accorda jamais. C'est par cette guerre incessante à la nature que cette âme énergique se dégageait sans cesse de l'alliage de l'amour-propre. C'est par cette continuelle attention à réprimer les mauvais penchants du cœur humain, qu'il atteignit cette haute sainteté que tout le monde a admirée en lui. Il savait, comme le dit si bien l'auteur de l'*Imitation*, que le progrès d'une âme dans la vertu se mesure sur l'étendue de la violence qu'elle sait se faire. *In quantum tibi vim intuleris, in tantum proficies.* Aussi pouvons-nous dire que nous n'avons connu personne *où il y eût moins de l'homme.*

IX.

Son calme et sa patience.

Tout homme accoutumé à se vaincre acquiert nécessairement sur sa volonté un grand empire. Aussi, qui fut jamais plus maître de lui-même que M. Aubry? Qui pourrait dire qu'il vit jamais cet homme irrité ou *seulement impatient?* On pouvait le déranger à toute heure, l'accabler de redites, l'importuner par d'inutiles visites, sans qu'il parût dans son extérieur le plus léger signe de mauvaise humeur. Il semblait qu'il n'eût point d'autre affaire que la vôtre et qu'elle seule devait absorber sa sollicitude.

Il apprenait avec une sainte joie les évènements qui tournaient à la gloire de Dieu, et il ressentait avec une vive douleur les scandales et les épreuves qui affligeaient l'Eglise. Mais ni la joie ne l'exaltait outre mesure, ni la tristesse n'abattait son courage. Son âme forte et élevée dominait tous les évènements, sans en être dominée; et il sut réaliser le sage imperturbable qui ne fut jamais qu'un rêve dans les chants du poète païen. Mais le point d'appui qui rendait cette âme si ferme n'était pas une vaine et orgueilleuse philosophie : c'était l'abandon d'un chrétien humble à toutes les dispositions de la Providence. Cette égalité d'âme au milieu des vicissitudes et des contradictions de la vie est peut-être un des plus beaux traits de cette noble figure et l'un des signes les plus frappants de sa sainteté.

Il plut à Dieu d'éprouver son serviteur par de nombreuses et graves maladies. Ceux qui l'ont vu dans ces circonstances ont rendu le plus unanime témoignage à son admirable patience. Point de ces plaintes si communes aux malades sur leurs souffrances ; point de ces exigences qu'on rencontre fréquemment chez ceux mêmes qui ont de la vertu ; jamais d'exigences à l'égard de ceux qui le servaient ; jamais un mot qui indiquât son désir de voir abréger ou diminuer ses douleurs. Si on l'interrogeait sur son état, il répondait avec simplicité et sans exagération : *J'éprouve ceci* ou *cela*, rien de plus. L'infirmier oubliait-il une de ces précautions qui ont tant de prix pour ceux qui souffrent ; exécutait-il avec inintelligence, comme cela est quelquefois arrivé, les prescriptions du médecin, le saint malade adorait en tout cela l'ordre secret de la Providence, qui permettait cet oubli, et il ne laissait point paraître qu'il s'en fût aperçu. Le médecin ayant, un jour, prescrit une certaine décoction de fleurs, l'infirmier, soit par erreur, soit pour tout autre cause, lui présenta à boire le tout mêlé ensemble : le malade absorba et le liquide et les fleurs, sans témoigner aucune mauvaise humeur à celui qui lui faisait endurer ce petit martyre.

Pendant ses premières maladies, M. Aubry se montra peu docile aux prescriptions du médecin. Cet homme, habitué à traiter si durement son corps, craignait de trop ménager la nature, et sa désobéissance même venait d'un principe de vertu. Mais lorsqu'on lui eut fait comprendre, sans doute, qu'il serait plus parfait et plus conforme à la simplicité chrétienne d'obéir aux ordres du médecin, il se fit un devoir d'observer en tout point ses prescriptions. Cette obéissance aveugle excita plus d'une fois l'admiration du docteur qui lui donnait des soins, comme il nous l'a témoigné. Dans sa dernière maladie même, quoiqu'il eût eu dès le principe la conviction bien arrêtée qu'il en mourrait, il se soumit sans résistance à tout ce qu'on jugea convenable de lui prescrire. Souvent il disait à ceux qui le servaient : « Comme vous voudrez ; donnez ce que vous voudrez. »

Comme saint Vincent de Paul, comme saint François de Sales, comme la plupart des disciples du Dieu crucifié, M. Aubry eut à subir une épreuve que nous ne voulons pas désigner par son nom. Ce serait ici le lieu de raconter l'histoire de ses douleurs cachées ; mais la charité autant que la prudence nous commande de jeter un voile sur ces choses. Nous savons combien son cœur en a souffert ; mais nous savons aussi que jamais une parole d'amertume n'est sortie de ses lèvres. Comme le divin Modèle qu'il étudiait sans cesse, il ne trouva dans son âme généreuse que la bénédiction et la prière.

X.

Sa charité.

Cet homme, si sévère pour lui-même, était, comme tous les saints, un modèle de condescendance et de charité pour le prochain. Quel soin de ménager la santé de ses confrères ! Quelle paternelle sollicitude pour les élèves malades ou infirmes ! Quel bienveillant accueil pour l'étranger qui venait frapper à la porte du séminaire ! Il était heureux quand les prêtres du diocèse venaient partager le repas de la Communauté. Il s'oubliait alors lui-même, comme toujours, pour servir ses hôtes. C'était un spectacle touchant de voir ce vieillard couronné de cheveux blancs, accueillir avec tant de bonté un prêtre qui était hier encore peut-être sur les bancs de l'école, lui donner à table une place d'honneur et le servir lui-même avec l'empressement d'un homme qu'on oblige. On peut dire que le séminaire fut, sous sa direction, *la maison de l'hospitalité.*

Il fut aussi pour les élèves un lieu généralement aimé, que plusieurs ne quittaient qu'à regret et souvent en versant des larmes. Sa direction était si douce ! son gouvernement si paternel ! Il savait faire des reproches cependant, quand il les croyait nécessaires. Mais comme il était bon, même alors ! Comme on sentait le cœur du père à travers les sévérités du maître ! Son devoir l'obligea quelquefois à prononcer des exclusions ; mais il avait soin de prendre toutes les mesures pour ménager la réputation du coupable, auprès de ses condisciples et des professeurs même, auxquels il ne faisait connaître que ce qui était nécessaire ou utile. Nous ne doutons pas que ces exécutions n'aient fait chaque fois saigner son cœur, et que les jours où il était obligé de prendre ces mesures de rigueur n'aient été marqués dans sa vie comme de mauvais jours. — Un jeune homme devait-il sortir du séminaire, parce qu'il n'avait pas de vocation à l'état ecclésiastique, le charitable supérieur le conservait dans la maison, jusqu'à ce qu'il se fût procuré un emploi. Lui-même l'aidait de tout son pouvoir à se caser avantageusement. Il en est même qui ont ressenti, longtemps après être sortis du séminaire, les effets de sa charité, et qui doivent à ses démarches les emplois qu'ils occupent aujourd'hui.

Nous ne sommes pas en mesure de parler des aumônes que sa charité lui inspira sans doute. Son humilité a pris soin de nous les dérober. Ce que nous savons seulement avec certitude, c'est qu'il est mort *pauvre*, et qu'à sa dernière heure on n'a pu découvrir chez lui *aucun* argent. Nous laisserons donc à Dieu le soin de publier au dernier jour, pour la glorification de son serviteur, les bonnes œuvres que son humilité nous a cachées. Que n'eût-il pas fait pour la cause des pauvres, si sa main eût pu s'ouvrir aussi largement que son cœur ! Toutes les misères, tous les besoins, toutes les infortunes trouvèrent toujours dans son âme l'accueil de la compassion, et souvent même le concours de son zèle. Les officiers espagnols que les guerres de leur pays avaient amenés jusqu'à Reims, n'oublieront jamais la charité qu'il déploya pour leur procurer des secours et leur adoucir les rigueurs de l'exil.

Sa charité est allée quelquefois jusqu'à une sorte d'héroïsme. Quelque temps après la mort de M. de Gournay, qui avait une fortune assez considérable, une personne de la ville vint trouver M. Aubry et lui offrit une somme de six à huit cents francs, pour suppléer quelque peu, disait-elle, aux secours que le séminaire ne recevait plus de son ancien supérieur. « Le séminaire est pauvre sans doute, dit M. Aubry » au généreux donateur, mais je connais en ville une » communauté qui a encore de plus grands besoins. » Je vous prie donc, Monsieur, de vouloir bien lui re-» mettre l'offrande que vous nous destiniez. » Pendant une de ses dernières maladies, Mgr le Cardinal fut lui-même atteint d'une maladie assez grave pour inspirer un instant quelques inquiétudes. M. Aubry, ne pouvant aller jusqu'à lui, était réduit à demander à leur médecin commun des nouvelles d'une santé si précieuse à ses yeux. « Oh ! que je ne puis-je, dit-il un jour, par le sacrifice de ma vie conserver celle de Monseigneur ! Combien volontiers je l'offrirais ! » Et ces paroles n'étaient pas chez lui une vaine ostentation de dévouement : c'était la pensée de son âme.

La charité qui va jusqu'à un tel oubli de soi-même n'a pas besoin de plus longs éloges.

XI.

Son humilité.

Il manquerait un trait principal au portrait de ce saint prêtre, si nous ne parlions de son humilité.

Nous avons déjà dit quelles furent ses alarmes, lorsque ses supérieurs lui imposèrent les fonctions de supérieur du séminaire dont il se croyait tout-à-fait indigne. Cette humilité sera la compagne inséparable de sa vie. Par humilité, il embrassera la vie commune, sans faveurs, sans priviléges; par humilité, il cachera dans l'ombre ses bonnes œuvres et tout ce qu'il pourra de ses austérités; par humilité, il taira les traits de son histoire qui pourraient jeter sur lui quelque éclat; par humilité, il anéantira tous les papiers qui pourraient mettre en relief ses sentiments intimes. Qui ne se rappelle encore les alarmes de sa modestie, lorsqu'un élève, trompant la surveillance de ses maîtres, crayonna son portrait que tant de prêtres désiraient posséder? Il n'eut point de repos qu'il n'eût fait recueillir tous les exemplaires déjà édités. Tout récemment encore, il s'opposait à ce qu'on mît en vente sa photographie reproduite à son insu. Un de ses anciens élèves eut la pensée de lui dédier un de ses ouvrages; rien ne semblait plus légitime que cet hommage rendu à un ancien maître. Mais l'humilité de M. Aubry avait d'autres façons de voir; il fut grandement attristé de la publicité donnée à son nom. Si l'on eût exécuté ses vœux, ses obsèques auraient eu lieu sans pompe et sans éclat, et nous sommes persuadé que nous n'aurions pas aujourd'hui la permission d'écrire son histoire, si elle avait dû nous être accordée par lui.

Comme tous les hommes vraiment humbles, M. Aubry ne proposait son avis qu'avec beaucoup de réserve, le soutenait avec modération et savait l'abandonner pour se ranger à celui de la majorité. Grâce à cette constante humilité, il évita un écueil souvent fatal aux hommes qui ont une longue habitude du commandement, c'est de substituer l'arbitraire aux règles, leur volonté au droit, et de croire qu'ils peuvent tout ce qu'ils veulent. Aussi son autorité fut-elle constamment respectée. Car c'est le respect des règles qui fortifie le pouvoir ; c'est l'oubli de ces mêmes règles qui l'affaiblit, en le livrant à la critique et à la discussion. Et l'on peut dire que toute autorité qui entre dans la voie de l'arbitraire, entre ce jour-là dans l'ère de la décadence. Il ne partagea pas non plus cette faiblesse commune à tant d'hommes, de vouloir à tout prix garder les rênes que leur main sénile ne sait plus tenir. Autant la plupart des hommes aspirent à rester quelque chose, autant il aspirait à n'être plus rien. Combien de fois ne lui a-t-on pas entendu dire : « Oh ! que je désire n'être plus supérieur ! » Combien de fois n'a-t-il pas sollicité cette faveur !

XII.

Son esprit de pauvreté.

L'humilité chrétienne eut toujours pour compagne inséparable la pauvreté. Ces deux filles de l'Evangile ne marchent point l'une sans l'autre. On ne s'étonnera donc pas de rencontrer le détachement des choses terrestres chez un homme que son humilité et sa mortification avaient accoutumé à se passer de tant de choses Il suffisait de jeter un coup d'œil dans sa chambre, pour voir aussitôt qu'on se trouvait en face d'un disciple du Dieu de la crèche. A part quelques gravures d'une certaine valeur, que lui avait léguées son prédécesseur, on y eût vainement cherché des objets de luxe : le nécessaire ne s'y trouvait pas toujours. Quelques chaises de paille, vieilles et pauvres, deux fauteuils de même sorte, un bureau de bois blanc, un lit de paille caché derrière des rideaux aussi pauvres que tout le reste, composaient à peu près tout son ameublement.

Son vestiaire était de même. La difficulté ordinaire du pourvoyeur d'une maison, c'est de satisfaire aux désirs de ceux dont il est chargé. Pour M. Aubry, ce fut tout le contraire. La difficulté était de lui faire accepter des effets presque indispensables. Il se trouvait toujours assez bien pourvu ; à l'entendre, il ne manquait de rien. Il fallait, dans la vérité du mot, user de *ruse* pour lui procurer les choses vraiment nécessaires. « La lingère se plaignait souvent, dit
» M. l'Econome, de ce qu'il n'avait presque plus de
» bas ni de chemises ; ce qui lui en restait, ne
» pouvait plus se réparer. Là-dessus, je le priais de
» vouloir bien consentir qu'on lui achetât, ne fût-ce
» que *deux* paires de bas et *quelques* chemises.
» *Attendons encore,* disait-il; *ce qui me reste me*
» *suffit et peut très-bien être réparé.* Il en était de
» même pour les soutanes. Il y avait près de *trois*
» ans qu'il ne s'en était point fait faire, lorsqu'il est
» mort. Il ne portait que des soutanes usées; et
» celles qu'il a laissées en mourant sont presque
» des haillons. »

C'est par ce même esprit de pauvreté, que M. Aubry voulut aller à pied à la maison de campagne du séminaire, pendant de longues années, quoiqu'il marchât très-péniblement. A la fin, cependant, il se vit obligé par sa faiblesse toujours croissante, d'accepter une voiture, pour n'être pas un instant séparé de sa chère Communauté. Il en coûtait beaucoup à sa modestie de voyager de la sorte, quoique la voiture fût des plus modestes. Aussi s'empressa-t-il de saisir l'occasion qui s'offrit à lui, quelque temps après, de renoncer à ce véhicule, selon lui trop élégant. Un jour de promenade, le loueur de voitures l'envoya reprendre à la maison de campagne par une calèche attelée de deux chevaux. C'était une épreuve trop forte pour son humilité. En voyant cet équipage, il manifesta hautement la peine qu'il ressentait, et refusa même d'abord de s'en servir. Cependant l'heure avancée l'obligea d'y monter ; mais il en descendit aussitôt qu'il crut pouvoir faire à pied le reste du chemin. Dès lors, quoi qu'on pût lui dire, il ne voulut plus être conduit à la maison de campagne que par la charrette du fermier. Pendant plus de dix ans, il fit ainsi ce trajet, assis sur une simple botte de paille, rudement secoué par cette voiture non suspendue : ce qui devait faire souffrir beaucoup ses entrailles habituellement très-malades. Mais tout cela était pour lui une excellente fortune ; car il trouvait ainsi le secret de pratiquer deux vertus qui lui étaient chères, la pauvreté et la mortification.

La Sainte Ecriture proclame *bienheureux* l'homme qui n'a point couru après l'or et qui n'a pas puisé son espérance dans les richesses. M. Aubry fut cet homme-là. « Un jour que j'entrai chez lui, dit un de ses confrères, je le trouvai plus content qu'à l'ordinaire. Je lui en demandai la raison : « Je » suis *heureux*, me répondit-il; je n'ai plus *rien*. J'ai » donné tout ce que j'avais ; me voilà pauvre. » Il venait de partager ses biens entre les membres de sa famille. Les saints ont seuls de pareils sentiments. Quelle leçon pour la cupidité de notre siècle ! Aussi peut-on dire qu'il trompa la mort; et quand elle vint, elle ne trouva presque rien à lui prendre.

XIII.

Sa grande foi.

Le principe de tant de rares vertus que nous avons admirées dans M. Aubry était sa *grande foi*. Plus les eaux d'une source s'élancent haut, plus on doit supposer que le niveau de la source est élevé. Le haut degré de sainteté auquel il est parvenu nous permet donc tout d'abord de mesurer sa foi. Grâce à sa première éducation, cette vertu avait pénétré son âme jusque dans ses dernières profondeurs. De là son attachement à l'Eglise, la joie que lui causaient ses triomphes, la douleur qu'il ressentait de ses afflictions. De là son dévouement à la cause du Souverain Pontife. N'était-il pas de la race de ces hommes qui moururent pour la foi et qui forment, à cette heure même, autour du Saint-Père une garde d'amour ? A une époque où les doctrines romaines n'étaient pas, il faut le dire, assez généralement connues en France, ni surtout assez aimées, M. Aubry avait distingué dans le diocèse de Reims deux hommes qui marchaient plus vite que leur époque, et il leur avait voué une affection particulière, à cause de leur attachement au siége de saint Pierre. Quelqu'un lui ayant lu, dans ces derniers temps, un projet d'adresse au Souverain Pontife, il fit remarquer l'omission d'un mot qui rappelle une de ses principales prérogatives.

La pureté et la sincérité de sa foi se révélèrent surtout lors de la maladie qui faillit l'emporter à Bourbonne, en 1850. Au moment où l'on se préparait à lui administrer les derniers sacrements, il dit d'une voix ferme et distincte : *Je meurs dans la foi de l'Eglise catholique, apostolique et romaine.* Plusieurs personnes du monde qui assistaient à cette cérémonie furent si frappées de l'accent de foi qui se sentait dans ses paroles, qu'elles ne purent s'empêcher de dire : *C'est un saint.*

Mais la foi ne fut jamais, chez lui, une vaine spéculation. Elle était le mouvement de son cœur et le ressort de sa volonté. *Le juste vit de la foi,* dit saint Paul. C'est la foi qui inspire ses pensées, qui règle ses démarches, qui dicte ses résolutions, qui donne la direction à sa vie tout entière. Guidé par son flambeau, il marche à travers les obscurités du présent ; il juge les évènements à sa lumière ; elle est pour lui le souverain criterium des choses. M. Aubry réalisa dans sa vie cet idéal du juste. Comme M. Olier il agissait et il vivait sous le regard de Dieu. Comme lui, il avait les yeux sans cesse fixés sur Jésus-Christ, pour étudier les traits de ce divin Modèle et les reproduire en sa personne.

Comme tous les chrétiens qui vivent de la foi, il eut pour le Saint-Sacrement un singulier amour. Son âme, dédaigneuse des aliments terrestres, avait pour ce céleste aliment une sainte avidité. L'Eucharistie était sa vie. Une de ses plus sensibles privations,'dans ses maladies, était de ne recevoir que rarement la sainte communion ; une de ses craintes fut de mourir sans avoir reçu ce divin viatique. A peine était-il remis de ses maladies, qu'il *se traînait* à l'autel (ce mot est rigoureusement vrai), avide qu'il était de s'unir à son Dieu et de lui témoigner son amour. Les âmes qui aiment Dieu ardemment, peuvent seules comprendre ces choses-là. Pour les autres, elles restent des énigmes.

Ceux qui ont quelquefois visité ce saint prêtre ont pu remarquer près de la chaise pauvre et humble qui lui servait de siége une croix humble et pauvre aussi. C'était comme le mémorial de ses pensées habituelles et, si nous pouvons ainsi dire, l'*abrégé* de son âme. On y lisait, parmi de pieux emblèmes, les inscriptions suivantes :

DIEU SEUL POUR TÉMOIN.

JÉSUS-CHRIST POUR MODÈLE.

MARIE POUR SOUTIEN.

ET PUIS RIEN,... RIEN... QU'AMOUR ET SACRIFICE.

L'AMOUR-PROPRE EN MURMURE,

MAIS TOUT BAS JE LUI DIS :

LE CIEL EN EST LE PRIX.

C'est devant ce beau livre que M. Aubry s'agenouillait souvent. La personne à qui cette croix a été donnée par la bienveillance de MM. les directeurs du Séminaire, s'estime trois fois heureuse de posséder un si bon souvenir. Elle gardera comme une pieuse relique ce petit monument devant lequel furent conçues tant de saintes pensées et répandues tant de ferventes prières.

XIV.

Ses qualités naturelles. — Son cœur affectueux

Le portrait de M. Aubry va désormais se montrer à nous sous un nouvel aspect. Jusqu'ici, nous avons principalement considéré le côté *surnaturel* de son âme. Mais, pour le faire conaître tout entier, il nous reste encore à parler des qualités naturelles dont Dieu l'avait si largement pourvu.

L'extérieur de M. Aubry était grave; son visage, calme; son regard, doux et bienveillant. On ne le voyait jamais rire avec éclat; mais il souriait volontiers, et son sourire était empreint d'une remarquable douceur. Il semblait alors que son âme se découvrait dans son admirable sérénité. Plusieurs personnes, en le voyant, éprouvaient une sorte de respect religieux. Un ancien député, qui l'avait vu une seule fois, disait, plusieurs années après, en parlant de lui : « Jamais un homme ne m'a aussi profondément impressionné. »

A en juger par son abord réservé et presque froid, on eût pu croire que cet homme était peu capable d'affection. Mais ceux qui l'ont connu d'une manière plus intime savent, au contraire, qu'il avait le cœur très-affectueux. « Je n'ai eu que deux fois à changer de séminaire, disait-il à quelqu'un, et ces change-

ments m'ont, chaque fois, coûté bien des larmes. »
La mort de sa mère, qu'il aimait avec tendresse, lui
causa une profonde douleur. Mais trois affections surtout remplirent sa vie : l'amour de son
pays, l'affection pour le diocèse de Reims, et particulièrement pour le clergé, et son attachement filial
pour la Compagnie de Saint-Sulpice.

Nous avons déjà parlé de son amour pour son pays
natal et pour le diocèse de Reims, qu'il regardait
comme sa seconde patrie. Ces deux affections l'ont
suivi au tombeau. Une des choses qui sont restées dans
le souvenir de celui qui l'accompagna à Bourbonne,
c'est l'affection vive qu'il portait aux prêtres et aux
séminaristes du diocèse de Reims. Il s'en entretenait
souvent avec la parole émue d'un père qui va bientôt
quitter ses enfants. Son temps, ses forces, sa vie,
son cœur étaient à eux.

La Compagnie de Saint-Sulpice, qu'il regardait
comme sa seconde mère, eut aussi une grande place
dans son cœur. « Il aimait, dit un des témoins de
sa vie, à s'entretenir de ceux qui la composaient.
Il éprouvait une joie indicible de tout ce qui arrivait
d'heureux à la Société, et une peine sensible des
épreuves auxquelles elle fut quelquefois soumise.
Il aimait plus particulièrement encore ceux de ses
confrères qui travaillaient avec lui dans le Séminaire. Tout le monde sait quelle peine il ressentit,
lorsqu'il y a peu de temps, un de ses collabora-
teurs fut obligé de se séparer de lui, pour aller
travailler dans un autre séminaire. »
Le public a peu connu l'histoire de son cœur ;

mais il a eu cent fois l'occasion d'admirer les dons de l'intelligence que Dieu avait mis en lui.

L'imagination ne jouait, chez M. Aubry, qu'un faible rôle ; mais en revanche, il avait l'esprit juste, le jugement droit, beaucoup de finesse, quoiqu'il n'y parût pas, et un grand discernement. Il voyait *loin*, *vite* et *juste*. La fidélité de sa mémoire était très-remarquable. Il se rappelait avec exactitude des faits minimes depuis longtemps passés ; il savait un nom, une date, un détail comme d'autres savent un évènement. Plus d'une fois, on l'a vu rappeler à ses interlocuteurs des traits de leur propre histoire, qu'ils avaient entièrement oubliés.

XV.

Sa prudence.

Nous n'étonnerons personne en disant que la *prudence* fut une des vertus éminentes de M. Aubry. Que de sages conseils n'a-t-il pas donnés pendant sa longue carrière ! Combien de questions délicates, épineuses résolues par lui ! Que de difficultés prévues et écartées ! Que de fautes empêchées ! Que de ruines et de maux conjurés ! Que d'affaires, qui semblaient sans issue, sagement règlées !

Toutefois, sa prudence ne fut jamais cette *prudence de la chair*, timide et réservée à l'excès, qui s'effraie de toutes les difficultés, voit partout des obstacles, craint sans cesse de se compromettre, se retranche à toute heure derrière ce qu'on appelle des *impossibilités*. M. Aubry savait que le bien ne se fait pas dans ce monde sans luttes et sans obstacles. S'il conseilla quelquefois l'abstention, c'est qu'elle lui semblait demandée par le plus grand bien. Mais il ne professa jamais le système qui se traduit par ces deux règles si commodes pour la pusillanimité et la paresse : *Taisez-vous. — Ne remuez pas.* Il avait trop de vrai zèle pour cela, et il savait trop bien que *la vie est dans l'action* et que personne ne récolte où il n'a rien semé.

XVI.

Sa discrétion.

Ce serait peu toutefois que la prudence qui donne les sages conseils, sans la *discrétion* qui garde les secrets confiés. Aussi Dieu, qui avait destiné M. Aubry à être un homme de conseil, à diriger tant d'âmes sacerdotales, à recevoir des confidences de la plus haute gravité, lui avait-il départi la discrétion dans la plus large mesure. Ceux qui l'ont connu se sont rencontrés dans cet unanime témoignage : qu'il possédait cette vertu dans un degré éminent et peut-être sans exemple. On nous a raconté à ce sujet des choses presque incroyables. M. Aubry savait que le secret est une puissance ; qu'une administration qui laisse pénétrer tous ses desseins paralyse son action et sa liberté, et qu'il eût suffi qu'on pût l'accuser d'une seule indiscrétion, pour ébranler la confiance dont il avait besoin, et rendre impossible le bien qu'il voulait faire. Aussi toutes les peines, toutes les douleurs, toutes les anxiétés, tous les froissements, tout ce qui fait souffrir un cœur, pouvait être jeté sans péril dans cette âme fidèle et discrète. Mais pour garder aussi fidèlement des milliers de confidences, les unes petites, les autres grandes, quelle attention ne lui fallait-il pas ! Quelle vigilance sur ses paroles ! Quelle circonspection dans ses réponses ! Quelle habileté dans son silence même ! Deux personnes pouvaient l'entretenir successivement d'une affaire commune, sans que l'une d'elles pût même soupçonner que l'autre en avait parlé. On aurait vainement cherché à connaître par lui les mesures de l'administration, les changements qui s'opéraient dans le personnel du diocèse, les nominations aux postes vacants. Il ne parlait de ces choses que quand elles étaient devenues publiques et qu'elles n'étaient plus ignorées de personne. Il n'y a qu'un grand empire sur soi-même, joint à beaucoup de finesse, qui puisse rendre un homme aussi maître de ses secrets.

XVII.

La confiance qu'il inspirait.

Tout concourait donc à faire de M. Aubry un homme excellent pour le conseil : rectitude de jugement, sûreté et promptitude de coup d'œil, calme dans la délibération, droiture dans l'intention, discrétion incomparable. Aussi M. de Courson et M. Carrière, supérieurs généraux de Saint-Sulpice, voulurent-ils successivement le fixer près d'eux, à Paris, pour mettre à profit ses lumières et sa rare prudence. Ce projet n'échoua que par suite des démarches que fit, pour le conserver au diocèse, un prêtre qui occupe aujourd'hui un des premiers rangs dans le clergé. Mais ses supérieurs voulurent se dédommager de cette perte, en le faisant entrer dans le Conseil des douze Assistants, qui a pour mission de délibérer sur les intérêts généraux de la Compagnie.

Cette confiance était généralement partagée par le clergé du diocèse de Reims. Dans l'intérêt de la vérité, nous devons dire que pendant les dix dernières années de sa vie, M. Aubry fut moins mêlé aux affaires du diocèse. Son âge, ses infirmités, l'affaiblissement de sa vue surtout, qui lui rendait sa correspondance très-difficile, durent nécessairement rendre plus rares ses relations avec MM. les curés. Mais pendant *vingt* ans il fut, dans toute l'acception du mot, le guide et le conseil du clergé. Outre le grand nombre de séminaristes qui le choisissaient pour confesseur, il dirigeait encore un nombre considérable de prêtres du dehors. Quelques-uns d'entre eux faisaient, tous les quinze jours, trois, quatre et même six lieues pour s'adresser à lui. Il y en eut même un qui, deux ou trois fois l'année, parcourait *trente* lieues pour s'entretenir de son âme avec M. Aubry. Pendant les retraites ecclésiastiques, il était obligé de se lever dès trois heures du matin et de veiller très-tard, pour entendre tous ceux qui voulaient lui ouvrir leur conscience. Pendant ce même temps, il ne déjeunait pas, afin de pouvoir consacrer plus de temps au ministère de la confession.

Sa correspondance très-considérable était une autre preuve des fréquents conseils qu'on lui demandait. On le consultait de toutes parts, tantôt pour des affaires de conscience, tantôt pour des questions d'administration, des difficultés de ministère, des cas de théologie. Il avait pour principe de ne laisser aucune lettre sans réponse. Le plus humble séminariste qui lui écrivait, dans le temps de ses vacances, était assuré de recevoir quelques lignes de la main de son supérieur. Les hommes ne sauront jamais tout le bien qu'a fait ce digne prêtre pendant sa vie. Ce sera jusqu'au dernier jour le secret de Dieu. Combien d'âmes dirigées par ses conseils, encouragées par ses exhortations, consolées par sa charité, arrêtées par sa main paternelle sur la pente de l'abîme, et peut-être ramenées des voies où elles s'égaraient ! Que de bien n'eût-il pas fait à beaucoup d'autres, s'il avait pu accueillir toutes celles qui venaient se jeter dans ses bras ! Plusieurs laïques désirèrent se placer sous sa direction. Mgr de Latil lui écrivit de l'exil une lettre autographe pour le prier de vouloir bien être le confesseur extraordinaire de quelques-unes des communautés religieuses de la ville. Mais M. Aubry craignait de négliger ses propres fonctions, en acceptant des emplois étrangers ; et par amour du devoir, il refusa ce que par zèle il eût sans doute voulu accepter.

La confiance que M. Aubry savait inspirer à ceux qui l'avaient une fois connu, ne s'arrêta pas toujours aux limites du diocèse de Reims. Dans un diocèse étranger, où régnaient des divisions intestines, il fut appelé, lors d'une retraite ecclésiastique, pour entendre les confessions. On le regardait comme l'homme le plus propre par sa prudence, sa modération, sa charité à faire cesser les discordes et à rapprocher les cœurs. Et les résultats répon-

dirent, en effet, aux espérances qu'on avait conçues.—M. Oudoul, fondateur de l'Institut des *Dames
de l'Immaculée-Conception de Buzançais*, songeant à
donner des règles à cette Communauté, voulut
prendre en tout les conseils de M. Aubry, qu'il avait
autrefois connu au séminaire de Saint-Flour. Il vint
même passer huit jours à Reims, pour s'entretenir
avec lui sur ce grave sujet. On verra par la lettre
suivante combien il l'aimait. On venait de lui écrire
que M. Aubry était à l'extrémité. « Quel coup de
foudre que votre lettre ! répondit-il, et il faut que
je me débatte dans l'impuissance d'un départ. (Le
choléra régnait dans sa paroisse)..... De grâce,
de grâce, donnez-moi *très-souvent* le bulletin de
la chère santé de mon vénérable père, de mon
digne ami. Dites-lui bien que mon cœur est collé
au sien, que mon esprit est de garde à son che-
vet..... Oh ! quelle perte ferait votre Séminaire !
quel ami vous perdriez vous-même ! » C'était bien
là le cri du cœur.

En louant la prudence, la sagesse de M. Aubry,
nous ne prétendons pas assurément qu'il ne se soit
jamais trompé : cela n'est pas de l'humanité ; ni qu'il ait
possédé exclusivement la confiance de tous : ce serait
un fait inouï. Mais nous pensons qu'il y a peu
d'hommes plus constamment sages, plus habituellement prudents, plus remplis des qualités qui inspirent
la confiance, attirent les cœurs et imposent le respect.

XVIII.

De la confiance à l'affection la distance est petite, si même il y en a une. Aussi peut-on dire que si M. Aubry porta au clergé du diocèse de Reims un amour constant et dévoué, le clergé, à son tour, lui voua une affection sincère et générale. Si nous avions voulu provoquer les témoignages de cette affection, de cette estime, nous aurions pu grossir considérablement cet opuscule, en y insérant les lettres qui nous seraient venues de toutes parts. Nous nous bornerons à en rapporter deux. « Béni soit Dieu, dit une de ces lettres, qui vous a inspiré le dessein d'élever un petit monument à la gloire de notre commun et bien-aimé père. Je serais trop heureux d'y coopérer, mais je vous avoue que je me sens tout-à-fait au-dessous de cette belle tâche. S'il ne s'agissait que d'un tribut de *sentiments affectueux*, j'ose croire que je ne serais pas le dernier ; mais vous me demandez des faits, des traits caractéristiques, et je ne vois rien qui se détache et qui tranche dans l'uniforme sain-teté de M. Aubry ; je l'ai toujours vu le même.

» Bonnement, mon ami, la vie de notre vénéré père serait difficile à écrire. Son intérieur a-t-il été parfois agité ? Je n'en sais rien, car je n'ai jamais vu sur sa figure calme, ni dans ses gestes, aucune appa-rence de trouble ou d'émotion. Il est vrai que je l'ai-mais de cet amour qui exclut toute idée d'inquisition et d'examen. Je l'admirais sans restriction il y a trente ans comme aujourd'hui ; dans ses entretiens pater-nels comme dans ses lettres, il fut toujours pour moi l'homme de Dieu, voilà tout. Mes voyages à Reims étaient des pèlerinages à sa cellule, et j'en revenais heureux comme au sortir d'un sanctuaire modeste, où l'on a bien prié, sans souci des ornementations qui le décorent. Il me serait donc impossible de vous venir en aide pour le tableau que vous voulez nous tracer; je n'ai jamais vu mon père autrement que dans l'auréole surnaturelle qui couronne sans doute aujourd'hui sa belle âme dans le ciel. »

Un autre ecclésiastique répondait à la même demande par la lettre que voici : « J'aurais mis avec grand bonheur ma reconnaissance, ma plume, mon cœur à votre service, pour rendre à M. Aubry les hommages que je lui dois à tant de titres. Malheureusement, le médecin m'envoie prendre les eaux le plus promptement possible.

. . . .

. . . .

» Je ne sais aucune particularité sur la vie de M. Aubry, aucun fait saillant. Tout ce que je sais, c'est sa bonté, sa charité, son dévouement sans bornes; c'est son cœur paternel et bon ; c'est sa régularité, sa mortification qui rappelle celle des saints; son lit de paille et tous les autres instruments de torture que je n'ai pas vus, mais que je connais parfaitement. Depuis vingt-neuf ans que je le connais, je n'ai *jamais* vu en défaut ni sa prudence, ni sa patience, ni sa sagesse, ni sa doctrine admirable, ni sa discrétion à toute épreuve. Je l'ai aimé de tout mon cœur, je j'aimerai toujours, parce que personne n'a jamais été meilleur pour moi. C'est auprès de lui que l'on peut

savoir combien Dieu est bon, puisque son représen-
tant savait l'être tant ! Je ne *prierai pas longtemps*
pour lui ; mais je l'invoquerai au ciel, comme je
l'invoquai sur la terre ; il sera bon aussi pour moi de
là-haut. »

On sent, à l'abandon filial de cette lettre, combien
celui qui l'a écrite aimait *vraiment*.

Ces sentiments d'estime et d'affection, si bien rendus
dans ces deux lettres, étaient ceux de la masse du clergé.
M. Aubry lui avait rendu tant de services ! Combien
de prêtres, pendant trente ans qu'il fut supérieur,
sont venus jeter dans son cœur leurs ennuis, leurs
tristesses et leurs perplexités ! Et c'est le souvenir
même de ces services qui devait nous rendre sa perte
plus douloureuse et plus irréparable. A vrai dire, c'est
nous seuls qui fûmes frappés par le coup qui l'em-
porta.

XIX.

Son grand désir de la mort.

Mais le Seigneur avait jugé qu'il était temps de
rappeler à lui ce bon et fidèle serviteur. Pour lui, il
était prêt depuis longtemps à partir au premier si-
gnal de son Maître ; car il supportait la vie comme un
fardeau, et il appelait la mort comme une libéra-
trice. On peut bien lui appliquer ces belles paroles
que saint Augustin a dites du juste : *Justus patienter
vivit, delectabiliter moritur* (1). On ne lira pas sans

(1) Le juste porte avec soumission le poids de la vie et meurt
avec allégresse.

être touché ce que nous a écrit un de ses confrères de son grand désir de la mort : « Quoique M. Aubry eût sur la terre bien des objets de ses affections, nous dit-il, cependant il ne cessait de soupirer après le ciel. Le désir qu'il avait de voir terminer son existence terrestre était extrêmement ardent et supposait en lui une âme tout embrasée de l'amour divin, saintement empressée de se réunir à son Dieu. Toutes les fois qu'il s'est vu sérieusement malade, il se réjouissait par l'espérance qu'il avait d'être arrivé au terme de ses désirs. Dans ces instants, il ne voulait plus qu'on l'entretînt que des choses de Dieu et du bonheur du ciel. Si on lui parlait d'affaires ou de nouvelles, il ne répondait pas, ou même déclarait nettement qu'il ne voulait plus s'occuper que de son éternité. Si l'on essayait de lui faire concevoir quelque espérance de guérison, il en éprouvait une peine sensible qu'il ne pouvait s'empêcher de témoigner : ce qui avait lieu surtout lorsque le médecin lui donnait l'assurance de sa guérison. Il n'y avait alors que la considération de la volonté de Dieu qui pût le consoler de ce que le terme de son pèlerinage n'était pas encore arrivé. Peu de jours avant sa mort, ayant éprouvé un accès de hoquet qui lui parut être l'indice de sa dernière heure, il dit avec une sorte de triomphe à l'un des directeurs qui se trouvait près de lui : « Eh bien ! maintenant, c'est bien la fin. »

XX.

Sa dernière maladie. — Sa mort.

Enfin, cette mort qu'il avait tant désirée est venue remplir son attente. M. Aubry se remettait à peine d'une maladie assez grave, lorsqu'il retomba dans un état plus alarmant encore. Le médecin jugea dès le début la situation extrêmement dangereuse, et il fit entendre qu'il conservait peu d'espérance de sauver le malade. Dans cette dernière maladie, qui dura environ un mois, M. Aubry pratiqua toutes les vertus qu'on lui avait vu pratiquer dans des cas semblables: la même patience dans les souffrances, la même obéissance au médecin et aux infirmiers, le même oubli des choses de la terre, le même désir empressé de quitter le monde pour aller vers Dieu.

Il demandait souvent à ceux qui le visitaient si ce serait bientôt fini. Il saisissait avec bonheur les pronostics de la mort. On eût dit l'exilé attendant avec impatience le départ du vaisseau qui doit le reconduire dans sa patrie. C'est qu'en effet la terre ne fut jamais pour lui qu'un exil; le ciel seul était sa vraie patrie. Ces mots : *Dominus prope est,* lui faisaient éprouver une vive joie. Les saints noms de Jésus, de Marie et de Joseph étaient fréquemment sur ses lèvres. « Recevez mon âme, Seigneur Jésus, disait-il souvent; *Domine Jesu, suscipe spiritum meum.* » Il affectionnait aussi tout particulièrement le refrain d'un cantique à Marie qu'il avait appris dans son enfance :

> Je mets ma confiance,
> Vierge, en votre secours ;
> ....
> ....
> Et, quand ma dernière heure
> Aura fixé mon sort,
> Obtenez que je meure
> De la plus sainte mort.

Il eut pendant cette dernière maladie à endurer de très-vives souffrances. Mais son âme si fortement trempée ne s'en laissa pas abattre un instant. Un jour qu'il éprouvait des envies de vomir très-douloureuses, on lui entendit répéter au milieu de la crise ces paroles de saint Augustin : *Hìc ure, hìc seca, modo in æternum parcas* (1). Admirable humilité ! Tandis qu'une multitude de chrétiens, après une vie passée dans l'indifférence et dans le vice, meurent avec un calme affreux, celui-ci, après une vie d'immolation, se traite comme les grands pécheurs et demande à Dieu de l'épargner dans l'éternité.

Le Seigneur permit, pour purifier davantage son serviteur, et sans doute aussi pour nous édifier par le spectacle de son inébranlable fidélité, qu'il fût attaqué en ce moment par de violentes tentations. Il éprouva, surtout dans les premiers jours de sa maladie, une grande frayeur des jugements de Dieu. « Que c'est effrayant, disait-il, d'avoir à paraître devant Dieu, après avoir été pendant quarante-sept ans directeur de séminaire ! »—« Les combats de la mort sont bien durs, disait-il encore à ceux qui l'approchaient. » — « J'espère, ajoutait-il, que Dieu me fera la grâce de résister ; mais aidez-moi, priez beaucoup, demandez pour moi la patience. » On voit par cet exemple, qui est loin d'être unique, combien l'Eglise a été sagement inspirée, en composant les admirables prières de la *recommandation de l'âme*, et combien il est conforme à la charité de

____

(1) Brûlez, tranchez ici-bas, pour que vous m'épargniez dans l'éternité.

4

prier pour le chrétien qui passe par ces redoutables combats. Mais Dieu, qui ne permet jamais que l'homme soit tenté au-dessus de ses forces, avait préparé à notre saint malade un puissant secours dans le sacrement des mourants. Quel prêtre n'a cent fois expérimenté, dans son ministère, combien ce sacrement, administré en temps utile, procure aux malades de consolation, de soulagement et de paix. Il n'y a qu'un préjugé anti-chrétien, une pitié cruelle qui puisse éloigner d'un pauvre mourant une si efficace consolation.

La croix qui avait soutenu M. Aubry dans les rudes sentiers qu'il s'était choisis, fut encore, à ses derniers moments, un de ses plus fermes appuis. Il avait voulu qu'on la plaçât sous ses yeux, afin de pouvoir la contempler sans cesse, et puiser dans la vue de son Dieu mourant la résignation et la patience. Il la baisait souvent avec une tendre affection. Il aimait à répéter ces paroles de saint Paul : *Christo confixus sum cruci.* C'est dans ces sentiments de foi et de piété qu'il rendit son âme à Dieu, le 8 Juillet 1865, vers dix heures du matin.

XXI.

Marques de vénération données à ses restes.

On vit alors se produire des témoignages non suspects de la vénération qu'inspirait sa sainteté. *Dieu se plaît à exalter les humbles.* C'est ce qui parut visiblement dans cette circonstance. Une multitude de personnes de la ville vinrent visiter les restes mortels de cet homme qui était si complètement inconnu de la plupart d'entre elles. M. Aubry avait

passé sa vie derrière les murs du Séminaire; il
ne paraissait que très-rarement dans les cérémo-
nies religieuses ; on ne l'avait jamais vu dans aucune
chaire de la ville. Et voilà que les foules se pressent
autour de son corps inanimé. La nouvelle qu'un
saint était mort s'était bientôt répandue ; et c'est ce
qui attirait tant de monde. C'était bien, en effet, la
pensée qui dirigeait vers le Séminaire la plupart des
visiteurs. Plusieurs faisaient toucher à son corps des
chapelets, comme on fait aux reliques d'un saint.
Une mère disait à son enfant : « Vois-tu, ma fille ,
c'est le corps d'un saint. » Quelques-uns, qui étaient
venus dans l'intention de prier pour lui, se sentirent
attirés, au contraire, à méditer sur ses vertus et à
l'invoquer. Plus d'un pieux larcin se commit dans
cette circonstance. On le dépouilla presque entièrement de ses cheveux, qu'il avait conservés , cependant, assez abondants. Plusieurs personnes , moins
heureuses , désirèrent obtenir quelque chose qui lui
eût appartenu. Mais que prendre chez un homme qui
possédait si peu !

Ses frères ne pouvaient pas être oubliés dans une
telle circonstance. La meilleure part leur était due :
ce fut son cœur. N'était-il pas juste qu'il demeurât
au milieu de ceux qu'il avait aimés avec l'affection
d'une constante fraternité ?

XXII.

Ses funérailles.

La cérémonie des obsèques révéla dans un langage
éloquent l'estime profonde et l'amour sincère que
le clergé avait pour ce saint prêtre. Plus de trois

cents prêtres accoururent de tous les points du diocèse , pour rendre les derniers honneurs à ses restes vénérés. Il n'y avait cependant là ni faveurs à recueillir, ni pouvoir à ménager : l'affection seule inspirait ces démarches. Il était facile de lire sur tous les visages les sentiments qui animaient les cœurs. Chacun se reportait alors aux années déjà éloignées du Séminaire ; il se rappelait les sages conseils de ce bon maître, ses hautes vertus, son infatigable patience, sa touchante bonté. Plus d'une larme coula ce jour-là. M. le vicaire général chargé de la cérémonie de l'absoute était visiblement ému.

Nobles et touchants hommages, où la flatterie n'avait aucune part, mais que l'amour seul inspirait. Aussi peut-on dire que si les obsèques de M. Aubry ont été glorieuses pour sa mémoire, elles n'ont pas été moins honorables pour le clergé du diocèse de Reims, parce qu'elles ont prouvé qu'il a l'intelligence de la vertu et la mémoire du cœur.

Et maintenant nous déposons notre plume, plein de respect pour la mémoire de notre maître, plein d'espérance pour son avenir, plein du regret de l'avoir perdu. Une consolation nous reste cependant, c'est qu'il nous parle jusque dans la mort, et nous instruit, du fond de sa tombe, par le souvenir de ses vertus. *Defunctus adhuc loquitur*. Puisse l'exemple d'une vie si pure et si bien employée n'être jamais perdu pour ce diocèse qu'il a tant aimé !

Reims, Imprimerie de P. DUBOIS et Cie, rue Pluche, 24.

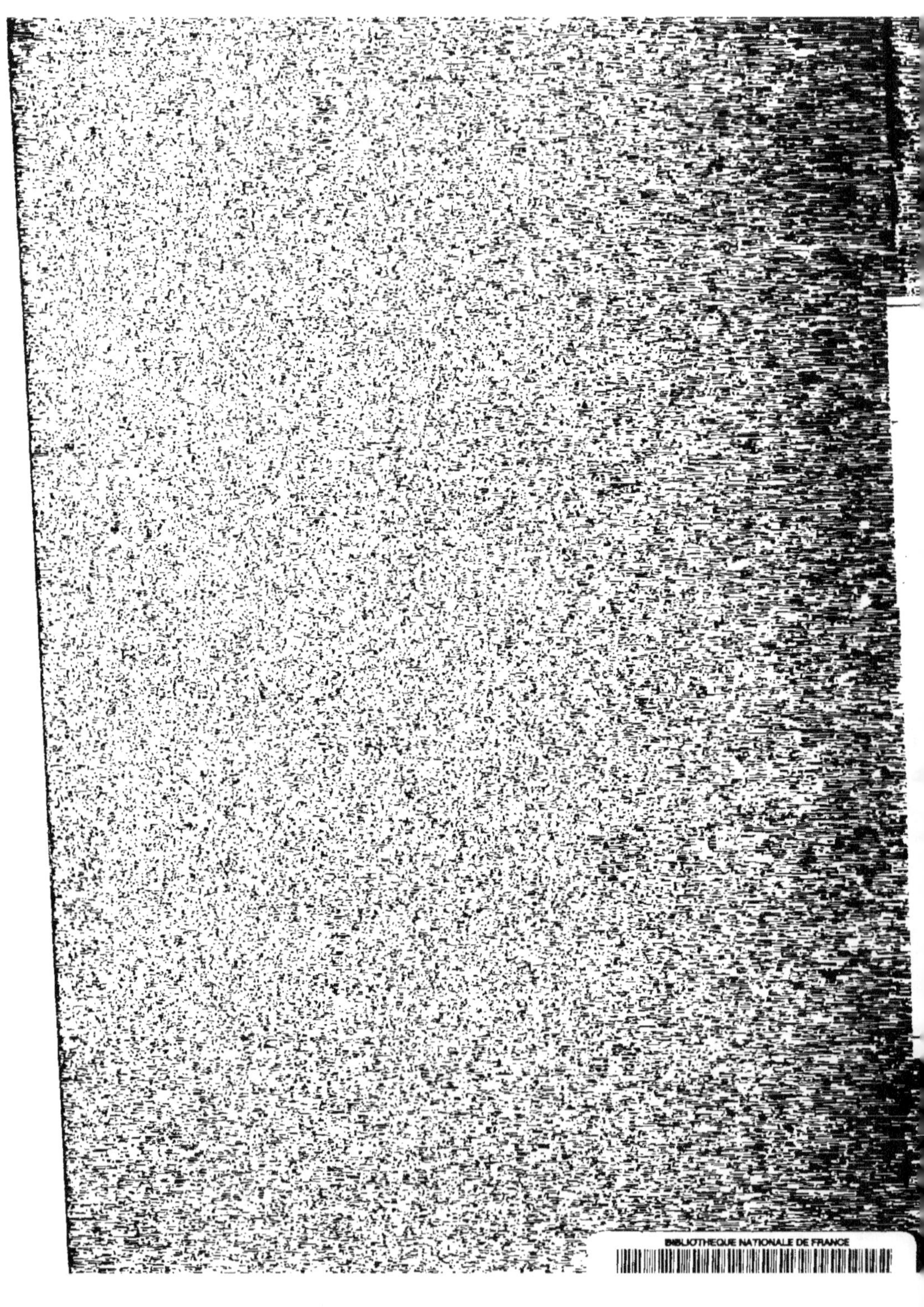